Angelika Kipp

Fenster- und Wandbilder aus Tonkarton

Bunte Herbstzeit

frechverlag

Von der bekannten Autorin Angelika Kipp sind im frechverlag zahlreiche weitere Kreativ-Titel erschienen. Hier eine kleine Auswahl:

TOPP 2477

TOPP 2398

TOPP 2405

TOPP 2450

TOPP 2473

TOPP 2335

Zeichnungen: Berthold Kipp
Fotos: frechverlag GmbH + Co. Druck KG, 70499 Stuttgart;
Fotostudio Ullrich & Co., Renningen

Dieses Buch enthält:
2 Vorlagenbogen

Auflage:	5.	4.	3.	2.	1.	Letzte Zahlen
Jahr:	2003	2002	2001	2000	1999	maßgebend

frechverlag GmbH + Co. Druck KG, 70499 Stuttgart

ISBN 3-7724-2489-9 · Best.-Nr. 2489

Druck: frechverlag GmbH + Co. Druck KG, 70499 Stuttgart

Der Herbst ist einfach schön!

Jetzt zieht die Natur ihr buntestes Kleid an, die Bäume färben ihre grünen Blätter vielfarbig ein, das goldgelbe Getreide wiegt sich im Wind und Äpfel mit knallroten Bäckchen lachen Sie an. Damit die Erntedankfeste beginnen können, ernten die Bauern ihrer Hände Arbeit und die Tierwelt ist in heller Aufregung, denn die Vorräte für die kalte Jahreszeit müssen nun gesammelt und gehortet werden. Eilig verstecken die Eichhörnchen die gefundenen Nüsse, Mäusekinder spielen im Herbstlaub. Ein kleiner Bär hat die Vorräte der Bienen geplündert und Herr Maulwurf schaut dem herbstlichen Treiben vom Hügel aus zu.

Elefanten ziehen bei der Dunkelheit mit den Laternen trompetend durch die Straßen. Doch den Enten wird es hier langsam zu kalt. Warm gekleidet fliegen sie gen Süden. Aber im nächsten Jahr kommen sie zurück!

Lassen Sie sich von der herbstlichen Stimmung einfangen und genießen Sie die gemütlichen Bastelstunden mit diesen bunten herbstlichen Fensterbildern.

Viel Spaß beim Basteln wünscht

Angelika Kipp

Arbeitsmaterial

- Tonkarton in verschiedenen Farben
- Regenbogen-Fotokarton
- Transparentpapier
- Dünne Pappe
- Schere
- Bastelmesser (Cutter) mit Schneideunterlage
- Klebstoff
- Roter und schwarzer Filzstift
- Nähnadel
- Faden zum Aufhängen
- Bleistift
- Anspitzer
- Lineal
- Locher
- Weicher Radiergummi
- Evtl. Kreisschablone
- Klebeband
- Geschenkbänder
- Dünner Messingdraht

Schritt für Schritt erklärt

So entsteht eine Schleife:

Legen Sie das Band wie auf den beiden ersten Zeichnungen gezeigt zu einer Schleife zusammen.

Mit einem dünnen Messingdraht wird die Schleife dort, wo sich die Bänder treffen (gepunktete Linie), zusammengerafft. Aus Stabilitätsgründen wickeln Sie den Draht ca. viermal um diese Stelle herum. Zum Schluss werden die Drahtenden miteinander verdreht.

Anschließend können Sie die Raffstelle mit einem dünnen Schleifenband umwickeln und auf der Rückseite einfach verknoten.

So entsteht ein Fensterbild:

1. Legen Sie Transparentpapier auf das ausgewählte Motiv auf dem Vorlagenbogen und übertragen Sie mit einem Blei- oder Filzstift alle benötigten Einzelteile ohne Überschneidungen.

2. Kleben Sie das Transparentpapier mit den Zeichnungen auf eine beliebige dünne Pappe und schneiden Sie die Einzelteile sauber heraus. Fertig sind die Schablonen! Mithilfe dieser Schablonen arbeiten Sie die benötigten Teile, indem Sie sie einfach auf Tonkarton der gewünschten Farbe legen, mit einem Bleistift umfahren und dann ausschneiden.

3. Für die Gesichter und die Innenlinien benötigen Sie rote und schwarze Filzstifte. Fügen Sie die Einzelteile zum Motiv zusammen. Das Foto und die Vorlage geben Positionierungshilfen.

Tipps und Tricks beim Basteln

Aufhängung

Es gibt verschiedene Möglichkeiten, ein Fensterbild aufzuhängen. Sie können zwischen dem altbewährten Faden oder einem Klebeband wählen.
Wenn Sie mit einem Faden arbeiten wollen, balancieren Sie das Motiv zwischen Daumen und Zeigefinger aus, bis Sie die richtige Stelle gefunden haben. Mit einer Nadel stechen Sie dann einige Millimeter vom Rand entfernt in den Tonkarton und ziehen den Faden durch. Je größer das Motiv ist, umso eher sollten Sie mit zwei Fäden arbeiten.

Motivhöhe

Damit Sie sich die Größe der Fensterbilder besser vorstellen können, ist bei jedem Motiv dessen Höhe angegeben.

Herbstzeit

Motivhöhe ca. 82 cm

Im Herbst wird nicht nur geerntet, sondern auch gepflanzt. Viele neue Sträucher und Knollen, die das nächste Jahr verschönern sollen, werden nun gesetzt. Diese beeindruckende Bastelarbeit ist Symbol für beide Tätigkeiten.

Fixieren Sie die zweiteilige Sonnenblume auf den grünen Blättern und setzen Sie die Ähren darunter. Die drei Spatenteile werden zusammengefügt. Der Stiel ist aus einem Tonkartonstreifen (4,4 cm x 55 cm) gearbeitet und wird an die gepunkteten Linien (s. Vorlagenbogen) der Schaufel und des Griffes geklebt. Schmücken Sie den Spaten mit dem herbstlichen Gesteck.

Eine tolle Idee!

Eine freundliche Vogelscheuche

Motivhöhe ca. 47 cm

Haben die Vögel vor solch einer netten Vogelscheuche überhaupt Respekt?

Zeichnen Sie das Gesicht, die Knöpfe, den Gürtel und alle gestrichelten Linien (s. Vorlagenbogen) auf.

Die Flickennähte werden erst ganz zum Schluss ergänzt. Kleben Sie die geflickte Hose und den grünen Krageneinsatz hinter die arg zerfranste und geflickte Jacke. Die gelben Stroharme und -füße werden ergänzt. Platzieren Sie das Gesicht auf dem Haarteil. Der geflickte Hut wird dahinter fixiert. Nun fügen Sie Kopf- und Körperteil zusammen. Die Vogelscheuche steht auf einem zweiteiligen Ständer.

Echt zum Liebhaben!

Ein Spaziergang durchs Laub

Motivhöhe Maus ca. 21 cm

Wenn der Herbst die Blätter färbt, ist ein Spaziergang angesagt.

Die drei unternehmungslustigen Gesellen erhalten ihre Gesichter und alle gepunkteten Linien (s. Vorlagenbogen) aufgezeichnet. Auch das Laub benötigt die mit einem Filzstift aufgemalten Muster. Jede Maus bekommt ihr linkes Ohr aufgeklebt.

Mit den Blättern in den linken Pfoten marschiert das Trio gut gelaunt durch den Herbstwald.

Wintervorräte

Motivhöhe ca. 27 cm

Zur Herbstzeit müssen unbedingt viele Wintervorräte angelegt werden. Auch ein Eichhörnchen sollte fleißig Nüsse sammeln! Dieses agile Tier braucht sein aufgemaltes Gesicht sowie alle gepunkteten Linien (s. Vorlagebogen), die aufgemalt werden. Heute trägt es eine gepunktete Hose. Die kleinen Kreise werden mithilfe eines Lochers ausgestanzt.

In der linken Pfote trägt es eine Riesennuss. Gegen den leichten Herbstwind schützt ein Schal.

Ob es die Nuss wohl unter den vielen Blättern verscharrt?

Guck, guck – hier bin ich!

Motivhöhe ca. 27 cm

Herr Maulwurf ist ein Baufanatiker: Je größer die Erdhügel, desto besser! Zeichnen Sie dem kleinen Erdarbeiter sein Gesicht und alle gepunkteten Linien (s. Vorlagenbogen) auf. Das Tier mit seiner Kappe und die zweiteilige Schaufel werden hinter dem Hügel, das Krallenpaar davor platziert. Die Wiese mit den umher wirbelnden Blättern fixieren Sie vor dem kleinen Erdwall.

Hallo, Herr Maulwurf!

Ein hübscher Getreidestrauß

Motivhöhe ca. 37 cm

Für die Schleife benötigen Sie:

- Blaues Schleifenband: 4 cm breit; 51 cm lang
- Blaues Schleifenband: 0,4 cm breit; 10 cm lang
- Messingdraht (dünn): 10 cm lang

Schön gebunden und mit einer hübschen Schleife liebevoll dekoriert, so ist dieses Motiv sicherlich heiß begehrt. Wie eine Schleife gebunden wird, wird auf Seite 4 beschrieben.

Ein gutes Plätzchen

Motivhöhe ca. 30 cm

Für die Schleife benötigen Sie:

- *Blaues Schleifenband: 4 cm breit; 51 cm lang*
- *Blaues Schleifenband: 0,4 cm breit; 10 cm lang*
- *Messingdraht (dünn): 10 cm lang*

Diese kleine Ente fühlt sich hier sichtbar wohl!
Zeichnen Sie das Auge und den Schnabelstrich auf. Dann fixieren Sie den Schnabel und setzen das Tier auf die Ähren. Mit einer Schleife wird die Bastelarbeit hübsch dekoriert. Wie Schleifen gebunden werden, wird auf Seite 4 erklärt.

Auf in den Süden!

Motivhöhe ca. 19 cm

Wenn es immer kühler wird, ziehen die Vögel Richtung Süden.
Zu diesem Flug benötigen Sie unbedingt ihre Augen und alle gepunkteten Linien (s. Vorlagenbogen). Fixieren Sie den Schnabel und den vorderen Flügel. Die Kappe bzw. die Mütze und die Schals schützen vor den herbstlichen Temperaturen.

Bis zum nächsten Jahr!

Drachen im Doppelpack

Motivhöhe ca. 32,5 cm

Weht der Herbstwind immer kräftiger über das Land, lässt der kleine Drache seinen Drachen steigen.
Der kleine grüne Drache benötigt sein Gesicht und alle gepunkteten Linien (s. Vorlagenbogen), die aufgemalt werden.

Das Augeninnere ist ein weißer Tonkartonkreis. Der linke Arm ist schwarz umrandet, damit er sich besser vom Untergrund abhebt. Der Papierdrachen, den das Tier in der linken Pfote trägt, erhält seine großen und kleinen Schleifen.

Hoffentlich stürmt es noch einige Zeit recht kräftig!

Mein Nachtisch!

Motivhöhe ca. 32 cm

Dem kleinen Bären läuft schon das Wasser im Maul zusammen beim Anblick seines süßen Nachtischs. Zeichnen Sie das Bärengesicht und alle gepunkteten Linien (s. Vorlagenbogen) auf. Das Glas wird mit dem Deckel, dem Schriftzug „Honig“ und dem roten Herzchen versehen.

Lass es dir schmecken, kleiner Bär!

Der Bär trägt eine geflickte rote Hose. Die rote Zunge zeigt seinen Heißhunger. In der linken Pfote hält er das Honigglas. Vorsichtig trägt er es über die Wiese, auf der ein Fliegenpilz wächst.

Wenn die Blätter fallen

Motivhöhe ca. 35 cm

Nur kurze Zeit kann man die Bäume in ihrem bunten Herbstkleid genießen, denn schon bei leichtem Wind werden die Blätter vom Baum gewirbelt.

Ein kleiner Igel mit aufgemaltem Gesicht und Stachelkleid hat es sich an einem Baum, unter dem schon viele Blätter liegen, gemütlich gemacht.

Ein Licht in der Dunkelheit

Motivhöhe ca. 27 cm

Bei diesem trüben Wetter muss man es sich zu Hause auf dem heimischen Ast gemütlich machen!
Zeichnen Sie die Augen und alle gepunkteten Linien (s. Vorlagenbogen) auf.

Nacheinander werden das Bauchteil, der Schnabel, das Augenpaar und der Ast mit den Blättern auf den Eulenkörper geklebt. Mit den Krallen hält sich das Tier fest. Eine zweiteilige Kerze erhellt das Dunkel. Bunte Blätter fliegen durch die Luft.

Auf dem Ast aber ist's gemütlich!

Guten Appetit!

Motivhöhe ca. 26 cm

Heute stehen reife goldgelbe Maiskolben auf der Speisekarte.
Vor dem Mahl müssen das Auge, der Schnabelstrich und alle gepunkteten Linien (s. Vorlagenbogen) aufgezeichnet werden. Das Huhn erhält seinen Kamm, den Schnabel und den Hautlappen sowie das Krallenpaar. Im rechten Flügel trägt es den Maiskolben mit den grünen Blättern.

Über solch ein leckeres Menü wird selbst der Hahn staunen!

Hallo du!

Motivhöhe ca. 24 cm

Und für wen ist nun der Apfel? Zeichnen Sie den beiden Apfelliebhabern die Gesichter und alle gepunkteten Linien (s. Vorlagenbogen) auf. Das Mäuschen wird auf dem zusammengefügten Apfel platziert und erhält dort sein linkes Ohr und den linken Arm. Auf seiner Pfote hat eine kleine Raupe mit einer lustigen Kappe Platz genommen. Stellen Sie den Apfel und die beiden Tiere auf die grüne Wiese.

Vielleicht wird der Apfel ja auch geteilt?

Apfel und Birne

Motivhöhen ca. 32 cm

Für die Schleifen benötigen Sie:

- Schleifenband in Rot und Gelb: je 2,5 cm breit, 32 cm lang
- Schleifenband in Rot und Gelb: je 0,4 cm breit, 10 cm lang
- Messingdraht (dünn): je 10 cm lang

Zu den klassischen Herbstmotiven gehören unbedingt Äpfel und Birnen.

Für beide Motive gilt:
Befestigen Sie das Obst mit der aufgeklebten vertrockneten Blüte mit dem Stiel am Kranz.

Das herbstliche Laub aus Regenbogen-Tonkarton ziert den Kranz. Eine Schleife schmückt das Obststück.

Eine nette Dekoration!

Laternenlauf der Dickhäuter

Motivhöhe ca. 31,5 cm

Auch Dickhäuter lieben den Herbst und den nächtlichen Laternenlauf durch die Straßen.
Zeichnen Sie das Auge, den Mund und alle gepunkteten Linien (s. Vorlagenbogen) auf. Der Laternenstock wird unter dem linken Arm fixiert. Kleben Sie den Arm so auf den Körper, dass der Schal über dem Oberarm liegt und der Laternenstock auf dem Schal ruht. Der Elefant erhält sein großes linkes Ohr und das Schwanzende. Fügen Sie dann die Laternenteile zusammen und befestigen Sie diese am Laternenstock.

So, nun können Laternenlieder gesungen werden.

Vorsicht: ein Pilz ist giftig!

Motivhöhe ca. 29 cm

Vorsicht, ihr Mäuschen – der rot-weiße Fliegenpilz ist giftig!

Im Herbstwald findet man die allerschönsten Exemplare von Pilzen.
Die kleinen Sammler bekommen zunächst ihre aufgemalten Gesichter.

Zeichnen Sie dann alle gepunkteten Linien dieses Motivs (s. Vorlagenbogen) auf. Die Mäuschen tragen Kleider mit einem Kragen; eines der Kleider ist flickenbesetzt. Ergänzen Sie die linken Ohren und die linken Arme. Die zusammen gefügten Pilze werden von hinten ergänzt. Auf dem Waldboden liegen viele Blätter.

Alles meins!

Motivhöhe ca. 20,5 cm

Eine solch schöne gelbe Birne findet man nicht jeden Tag.
Freuen Sie sich mit dem stacheligen Gesellen und zeichnen Sie ihm das Gesicht und alle gepunkteten Linien (s. Vorlagenbogen) auf. Platzieren Sie zuerst die vierteilige Birne und dann das Stachelkleid am Körper. Stellen Sie das glückliche Tier auf die Wiese, auf der eine Herbstblume blüht.

Guten Appetit!

Erntedank

Motivhöhe ca. 43 cm

Die Ernte ist in diesem Jahr reichlich ausgefallen. Dafür wollen wir danken. Zeichnen Sie beim Erntekorb und bei der Paprika die gepunkteten Linien (s. Vorlagenbogen) auf. Die Äpfel und die Birne erhalten ihre Stängel und je ein Blatt. Die Pilze bekommen braune Kappen. Kleben Sie den grünen Stiel an die Paprika. Für die Weinrebe werden einzelne Trauben auf die Grundform gesetzt. Legen Sie nacheinander die Birne, die Gurke, den Apfel und die Ähren von hinten in den Korb. Dann platzieren Sie das Blatt und die Trauben darauf. Das übrige Gemüse, der Apfel und das Blatt werden vor dem Korb dekoriert.

Ein schönes buntes Bild!

Herbstspaziergang

Motivhöhe ca. 28 cm

Die kleine Raupe nutzt die letzten schönen Herbsttage für einen ausgedehnten Spaziergang.
Zeichnen Sie dem kleinen Krabbeltier das Gesicht und alle gepunkteten Linien (s. Vorlagenbogen) auf.

Die kleine rote Nase und der zweiteilige Hut zieren das Gesicht. Die vielen Beinchen suchen Halt auf dem zweiteiligen Pilz, der zwischen bunten Herbstblättern steht.

Von hier oben ist die Aussicht besonders schön!

Gute Zähne

Motivhöhe ca. 25 cm

Ein gutes Gebiss ist Voraussetzung für das Nagen von Holz.
Zeichnen Sie dem Biber das Gesicht und alle gepunkteten Linien (s. Vorlagenbogen) auf. Das Bauchteil und der Ast werden von vorne, der Schwanz wird von hinten ergänzt.

Platzieren Sie das strahlend weiße Gebiss und die Pfotenteile auf dem Ast. Nun kann der Biber in aller Ruhe auf der Wiese Platz nehmen, auf der die letzten Herbstblumen blühen. Diese Blüten werden mithilfe eines Lochers ausgestanzt.

Bei diesem anstrengenden Hobby muss das Gebiss noch lange halten!

Dick, rund und gesund!

Motivhöhe ca. 28 cm

Kürbisse sehen nicht nur als Dekoration schön aus, sie schmecken auch noch gut und gehören unbedingt zum Herbst.
Dieses lustige Exemplar bekommt seine Augen, den schwarzen Mund und alle gepunkteten Linien (s. Vorlagenbogen) aufgemalt. Die Nase, die rote Zunge und das grüne Stielteil werden von vorn ergänzt.

Ein echt lustiger Gesell!